Pequenas orações para dias ordinários

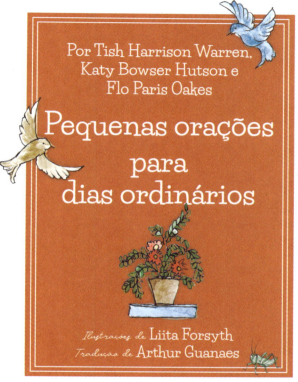

Por Tish Harrison Warren, Katy Bowser Hutson e Flo Paris Oakes

Pequenas orações para dias ordinários

Ilustrações de Liita Forsyth
Tradução de Arthur Guanaes

Publicado originalmente em inglês por InterVarsity Press como *Little Prayers for Ordinary Days* por Lutitia Harrison Warren, Florence Renee Oakes e Katherine J. Hutson. Texto ©2022 por Lutitia Harrison Warren, Florence Renee Oakes e Katherine J. Hutson. Ilustrações ©2022 por InterVarsity Press, LCC. Traduzido e publicado com permissão da InterVarsity Press, um ministério de publicação de Downers Grove, IL.

Tradução ©2022 e Apresentação ©2022 por Pilgrim Serviços e Aplicações LTDA.

Os pontos de vista desta obra são de responsabilidade dos autores e colaboradores diretos, não refletindo necessariamente a posição da Pilgrim Serviços e Aplicações, da Thomas Nelson Brasil ou de suas equipes editoriais.

Publisher: Samuel Coto
Edição: Guilherme Cordeiro e Brunna Prado
Assistente editorial: Lais Chagas
Preparação: Daniela Vilarinho
Revisão: Leonardo Dantas do Carmo
Adaptação de capa e projeto gráfico: Alfredo Rodrigues
Adaptação das ilustrações: Ligia Camolesi

Catalogação na Publicação (CIP)
(BENITEZ Catalogação Ass. Editorial, MS, Brasil)

W252p   Warren, Tish Harrison
1.ed.   Pequenas orações para dias ordinários / Tish Harrison Warren,
        Katy Bowser Hutson, Flo Paris Oakes; tradução Arthur Guanaes. –
        1.ed. – Rio de Janeiro: Thomas Nelson Brasil, 2022.
        48 p.; il.; 15,24 x 15,24 cm.

        Título original: Little Prayers for Ordinary Days
        ISBN: 978-65-5689-354-9

        1. Crianças Orações e devoções – Literatura
        infantojuvenil. 2. Orações – Literatura infantojuvenil.
        I. Hutson, Katy Bowser. II. Oakes, Flo Paris. III. Título.
08-2022/225   CDD 028.5

Índice para catálogo sistemático:
1. Literatura infantil   028.5
2. Literatura infantojuvenil   028.5
Bibliotecária : Aline Graziele Benitez CRB-1/3129

Todos os direitos reservados a Pilgrim Serviços e Aplicações LTDA.
Alameda Santos, 1000, Andar 10, Sala 102-A
São Paulo — SP — CEP: 01418-100

Katy Bowser Hutson:

Story e Del, Deus fez o mundo para vocês.

Flo Paris Oakes:

Para Sera e Amelie, que mostram o amor infinito de Deus, e para Layla, que Deus sempre esteja contigo.

Tish Harrison Warren:

Para Raine, Flannery e Gus, vocês são os meus favoritos.

Liita Forsyth:

Para todos os meus estudantes na The Field School Chicago.

Apresentação

A prática da oração é um dos maiores valores que podemos ensinar aos nossos filhos. Não falo apenas das orações automáticas antes de comer ou dormir, mas principalmente daquelas que vêm do fundo do coração, quando colocamos diante de Deus nossos medos, alegrias e aflições. Se pensarmos bem, a oração é um lugar de intimidade e, quando oramos com os nossos filhos, nos tornamos mais próximos deles, assim como os levamos para mais perto de Deus.

Tenho em minha memória algumas orações que os meus pais fizeram comigo, mesmo quando eu já havia aprendido a orar. No carro, antes de iniciarmos uma viagem; no aeroporto, antes de ir para um intercâmbio; em um quarto, antes de subir ao altar para me casar e, também, sentados em uma poltrona de amamentação, antes de eu dar à luz os meus filhos.

Este livro é uma boa oportunidade para ensinar aos pequenos como orar e lembrar que, seja nos momentos mais ordinários ou mais importantes, o que Deus mais quer é que falemos com ele.

"Então vocês clamarão a mim, virão orar a mim, e eu os ouvirei." (Jeremias 29:12).

Fernanda Witwytzky

Introdução

Às vezes é fácil falar com Deus. Às vezes parece difícil. Não importa o que você esteja sentindo, fizemos este livro para lhe ajudar.

Talvez estas orações lhe deem palavras para alguma coisa que você estava tentando dizer. Talvez você acabe orando de um jeito que nunca teria pensado por conta própria.

Você pode orar sozinho ou com outras pessoas; em silêncio ou em voz alta.

Estas são orações para dias ordinários, ou seja, para dias comuns. Para brincadeiras, para a escola, para quando você tiver um problemão ou um probleminha. Saiba que Deus está com você em cada momento do seu dia.

Você não precisa falar com Deus usando palavras chiques ou apenas sobre coisas megaespeciais. Você pode falar com Deus sobre tudo!

Deus sempre escuta as suas orações. Deus ama você o tempo todo.

Para a hora de acordar

Papai do Céu que fez a manhã,
a cada dia, o Senhor acorda o sol.
A cada dia, o Senhor está mais perto de nós.
De novo e de novo, o Senhor nos ama.
Muito obrigado por esse novo dia.

Para me olhar no espelho

Deus que me criou, obrigado por ter dado forma ao meu corpo.
Quando me olho no espelho, vejo sua maior criação.
O Senhor me fez à sua imagem.
O Senhor me ama do jeito que me fez.
E eu amo como o Senhor me fez também.

Para antes da aula

Papai do Céu,
abençoa a minha escola
e meus professores
e todos os que cuidam de mim.
Me dê coragem para ser um bom amigo,
especialmente daqueles que ainda não têm amigos.
É um presente aprender coisas novas sobre o seu mundo.
Me faça curioso e gentil.
E, por favor, proteja todos nós
o dia todo.

Para depois da aula

Querido Deus, o horário da escola acabou.
Muito obrigado por tudo que eu aprendi.
Obrigado, Senhor, porque esteve comigo em cada dificuldade.
Que eu possa lembrar cada coisa boa, verdadeira e
bonita que o Senhor me mostrou.
Agora é hora de brincar e descansar.
Eba!

Para ler um livro

Deus, contador de histórias, eu amo livros!
O cheirinho e o toque do papel,
as imagens e todas as palavras:
palavras bonitas, palavras difíceis e palavras interessantes!
O Senhor também ama histórias.
O Senhor está contando a maior e a melhor história com o
    seu mundo — e eu estou nela!
O que vai acontecer quando eu virar a página?

Para ouvir música

Papai do Céu que canta pelo mundo,
muito obrigado pela música.
Ela me ajuda quando estou fazendo minhas tarefas.
Eu gosto de ouvir minhas músicas favoritas no carro.
Eu canto junto e me sinto muito bem —
e eu sei que o Senhor gosta de me ouvir!

Para ser criativo

Querido Deus, eu amo criar coisas!
Quando eu pinto, desenho ou escrevo;
quando construo, danço, cozinho ou cavo,
estou agindo como o Senhor!
O Senhor ama criar coisas boas.
O Senhor faz isso o tempo todo e nunca se cansa.
Que bom que o Senhor me criou para criar, igualzinho a você –
eu fico feliz quando uso minha criatividade,
e eu acho que o Senhor é demais!

Para tentar algo diferente

Querido Deus, estou tentando algo diferente.
Dá muito medo.
E é tão legal!
E se eu não fizer do jeito certo?
Eu sei que não posso fazer nada
que faça com que o Senhor me ame mais
ou menos.
O Senhor simplesmente me ama
e não precisa de motivos.
O Senhor está sempre comigo,
torcendo por mim.
Isso me dá muita coragem para tentar coisas novas!

Para a hora do descanso

Papai do Céu que descansou depois de ter criado tudo na terra,
o Senhor nos diz que a hora do descanso é especial.
É hora de desacelerar.
É hora de ficar mais perto do Senhor.
É hora de ouvir o que o Senhor tem a nos dizer.
Leve embora meus pensamentos assustadores,
minhas preocupações pesadas,
o cansaço do meu corpo
e me dê descanso.

Para esperar

Querido Deus, é tão difícil esperar!
Tenho que esperar minha vez.
Tenho que esperar as outras pessoas.
Tenho que esperar pelas coisas que quero.
Parece que vai demorar para sempre!
Enquanto eu espero, por favor, espere ao meu lado.

Para quando eu quebrar alguma coisa

Querido Deus, eu quebrei algo.
Eu não posso fazer nada para consertar.
Me sinto muito mal e triste.
Por favor, me dê a coragem de dizer a verdade.
Por favor, me ajude a dizer "me desculpe".
Muito obrigado por se importar comigo
mais do que com as coisas que eu quebro
e por me perdoar – de novo, de novo e de novo.

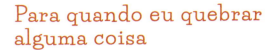

Para quando eu perder alguma coisa

Papai do Céu, eu perdi uma coisa.
E eu realmente queria encontrá-la!
Me sinto frustrado e chateado.
O Senhor me ajuda a achar o que perdi?
Muito obrigado, Senhor, por me amar tanto
e por sempre — sempre, sempre, sempre —
vir atrás de mim para me encontrar.

Para quando eu for ver um amigo

Papai do Céu, sou tão grato porque vou poder ver meu amigo!
Muito obrigado por criar a amizade e por criar meu amigo.
Me ajude a amar meus amigos, a ouvi-los e a cuidar deles.
O Senhor me chama de amigo.
Muito obrigado por ser meu melhor amigo!

Para se despedir de um amigo

Papai do Céu, estou chateado porque tenho que me despedir do meu amigo.
Nosso tempo juntos passou tão rápido!
Por favor, me ajude a não ficar triste quando a diversão acaba
e os amigos têm de ir embora.
Me ajude a lembrar que o Senhor ainda está comigo.

Para fazer as tarefas de casa

Papai do Céu,
às vezes é difícil trabalhar.
Mas peço por força
para fazer bem todas as minhas tarefas.
Jesus trabalhou –
criando,
construindo,
amando
e curando.
Eu peço para ficar um pouquinho mais alegre
ao fazer meus deveres hoje.

Para quando eu faço o que não devia

Não sei por quê,
mas hoje eu fiz várias coisas
que não devia ter feito.
Alguns dias, eu me meto em encrenca
e não consigo parar!
Senhor, preciso da sua ajuda.
Você sabe que pode ser difícil fazer a coisa certa.
Por favor, venha e relembre seu amor por mim.

Para brincar lá fora

Papai do Céu que fez o mundo,
é muito bom sentir o sol na minha pele.
A grama faz cosquinhas nos meus pés.
E a brisa sopra pelas árvores.
Às vezes, os mosquitos vêm,
e eu os expulso com minha mão.
Às vezes, alguma buzina toca alto na minha rua.
Mas eu sei que o Senhor está aqui,
entre as pessoas e as coisas
que o Senhor criou.

Para a hora de brincar

Papai do Céu que se diverte o tempo todo,
brincar é um presente que o Senhor deu a toda a sua criação.
Cachorrinhos lutam, golfinhos pulam e mergulham,
e cervos saltam e correm.
Me dê alegria e riso hoje na hora de brincar.

Para fazer carinho em um animal

Papai do Céu que fez todas as coisas,
eu amo esta criatura que o Senhor fez.
Eu faço carinho em seu pelo macio.
Eu falo para ela que ela é boa.
Às vezes ela lambe minha mão
ou minha bochecha,
e nós compartilhamos o amor e a alegria
que vêm do Senhor.

Para quando eu avistar um pássaro

Papai do Céu que presta atenção a todas as criaturas,
têm alguns pássaros ali fora.
Eles voam de um lado para o outro nas árvores.
Possuem tantos tamanhos e formas e cores.
Sei que o Senhor cuida de cada um deles!
Muito obrigado pelos pássaros.

Para a hora de comer

Papai do Céu que faz coisas boas,
o Senhor alimenta sua criação com amor.
Agradeço ao Senhor pelo fazendeiro que
    cultivou a comida;
pelo tio da horta que plantou a semente;
pela abelha que ajudou a planta a crescer;
pelos trabalhadores que juntaram a colheita;
e pelas mãos que prepararam esta comida.

Para quando tenho que comer algo que não gosto

Senhor, eu preferiria estar comendo outra coisa.
Eu me pergunto se o Senhor também já teve que
  comer algo que não gostava.
Mesmo assim, me ajude a ser grato,
pois sei que esta comida vai fazer o meu corpo forte.
Que eu dê glória ao Senhor por todas as refeições – inclusive
  por aquelas que eu comer "mesmo assim".

Para tomar banho

Querido Deus, eu amo sentir a água quentinha na minha pele.
Eu amo brincar com a água e jogar ela para todo lado!
Quero ficar no banho até meus dedos enrugarem
e, então, me enrolar numa toalha fofinha,
para ficar quentinho, limpinho e cheirosinho.
Me ajude a cuidar desse corpo tão bom.
O Senhor conhece e ama cada parte dele!

Para escovar os dentes

Senhor, eu escovo meus dentes todos os dias,
pois sei que minha boca é importante!
(Mas às vezes preciso que me lembrem.)
Eu a uso para comer, rir, dizer meus sentimentos e contar histórias.
Meu sorriso pode alegrar o dia de alguém.
Minhas palavras gentis podem curar a dor de alguém.
Me ajude a cuidar dessa boca tão maravilhosa,
porque eu cantarei ao Senhor para sempre
com meus lábios, gengivas e dentes!

Para um dia normal

Hoje foi um dia bem normal.
Bem mais ou menos.
Mas sempre há coisas boas
nos dias normais:
tenho um lugar para dormir,
pessoas que me amam,
coisas para comer e beber,
histórias para contar.
E o Senhor sempre está comigo.

Para um dia difícil

Hoje não foi meu dia favorito, Deus.
Se eu fosse colocar meus dias numa escala
de superfavorito a completamente terrível,
este seria um dia muito ruim.
Eu agradeço ao Senhor por não precisar fingir que está tudo bem.
O Senhor tira coisas boas mesmo dos piores dias.
Me ajude a confiar no Senhor mesmo quando eu
    só conseguir ver as coisas difíceis.

Para um dia muito bom

Eu sonho com dias como este.
Dias em que tudo acontece como eu espero.
Dias em que todo mundo se dá bem.
Dias em que até as tarefas são divertidas.
Esses dias me mostram um pouquinho
do céu, onde tudo vai dar certo,
onde meu coração sempre vai dizer:
"Hoje é o melhor dia de todos."
Muito obrigado, Senhor.

Para quando eu olho as estrelas

Tem tantas estrelas enchendo o céu,
e tem muitas outras, que não dá nem pra ver.
Uau!
Na Bíblia, o Senhor disse que criaria uma família como as estrelas –
com tanta gente que não daria para contar, nem se nós tentássemos!
O Senhor olha para nós do mesmo jeito que vemos as estrelas:
cintilantes, de tirar o fôlego e muito amadas.

Para a hora de dormir

Querido Criador que fez a lua e as estrelas que brilham de noite,
muito obrigado por mais um dia.
Obrigado por todos os momentos em que meu coração ficou alegre.
Eu peço conforto pelos momentos em que ele ficou triste.
Me perdoe por todas as vezes que não lhe segui da melhor forma.
Fique comigo enquanto durmo.

Uma nota das autoras

Como pessoas feitas à imagem de Deus, todos nós — incluindo as crianças — somos dignos de receber uma formação espiritual robusta. Orar é um elemento importante desse processo formativo, mas nossas orações não precisam ser longas ou complicadas. É por isso que esta coleção de orações simples tem o intuito de ajudar a nos conectar com Deus nos momentos ordinários de cada dia.

São nesses momentos diários — em volta da mesa, a caminho de visitar um amigo, ao apontar para um pássaro em uma árvore — que nós aprendemos a reconhecer como Deus está perto e onde está seu reino no mundo. É dessa forma que nossas mentes e corações são formados e moldados pelo Evangelho.

Queremos que esta obra sirva de apoio a vocês — os guias e pastores que andam ao lado das crianças. Nós esperamos que vocês não somente compartilhem este livro em casa, mas que ele também acompanhe vocês — no carro, na mochila ou nos afazeres do dia. Então, à medida que vocês praticam orar estas pequenas orações com as crianças no cotidiano, também esperamos que vocês comecem a notar os momentos em que vocês e elas queiram falar com Deus.

Aqui estão algumas coisas sobre as quais vocês podem falar e pensar enquanto leem juntos:

- Já pensou que Deus está contigo quando você... [escova os dentes, brinca lá fora ou outra coisa]?
- Como você se sente em relação a isso?
- Para que partes do seu dia você escreveria uma oração?

Acima de tudo, esperamos que o hábito de falar com Deus forme as crianças à medida que elas crescem, e que elas sempre saibam que Deus deseja se aproximar delas.

Sobre as autoras

Tish Harrison Warren é a autora dos livros *Liturgia do Ordinário* e *Oração da Noite*, ambos publicados pela Thomas Nelson Brasil em parceria com a Pilgrim. Contribui semanalmente com artigos para a *New York Times* e mensalmente para a *Christianity Today*. Tish faz parte da Igreja Anglicana na América do Norte e é membro sênior na organização Trinity Forum.

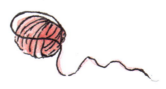

Katy Bowser Hutson é um dos membros fundadores da banda infantil *Rain for Roots*. Ela é a autora de *Now I Lay Me Down to Fight* [Agora eu me deito para lutar], uma coletânea de poesias que conta sua experiência com câncer de mama, e uma das autoras de *It Was Good: Making Music to the Glory of God* [E era bom: criando músicas para a glória de Deus].

Flo Paris Oakes é um dos membros fundadores da banda infantil *Rain for Roots* e tem escrito canções para crianças desde 2012. É a autora de um currículo para crianças chamado *Wild Wonder* e a diretora da formação espiritual infantil na paróquia anglicana St. Mary of Bethany, em Nashville, Tennessee (EUA).

Liita Forsyth é ilustradora e professora de arte. Ela é proprietária de um ateliê para crianças de todas as idades chamado *The Little Bits Workshop*. Também é professora de arte na The Field School Chicago. Seus alunos inspiraram as ilustrações deste livro.

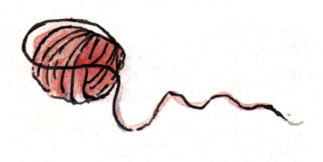